Malbuch Taschen

120 originellen Motiven auf 30 Seiten (einseitig bedruckt)

2 Farbtestseite am Ende des Buches

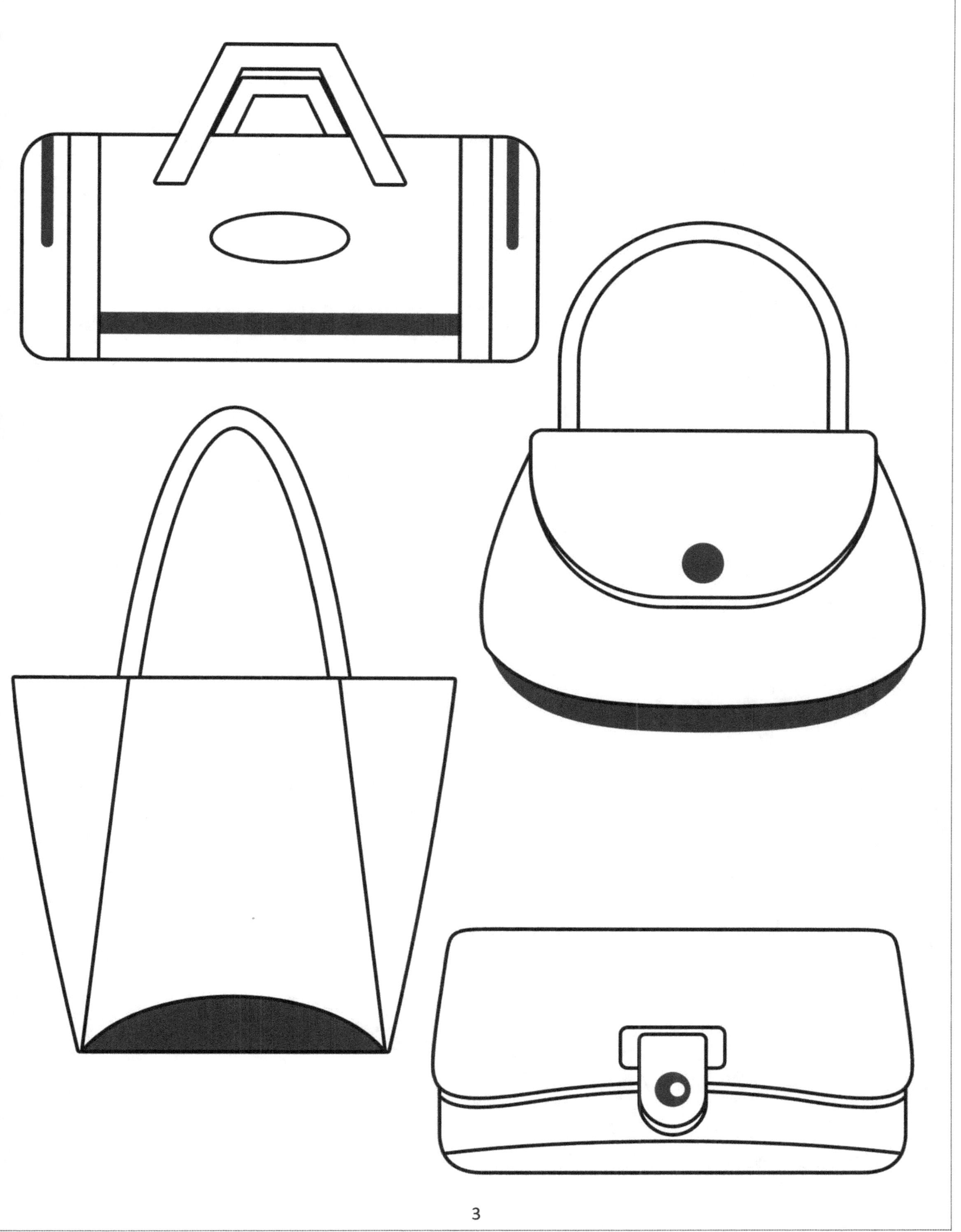

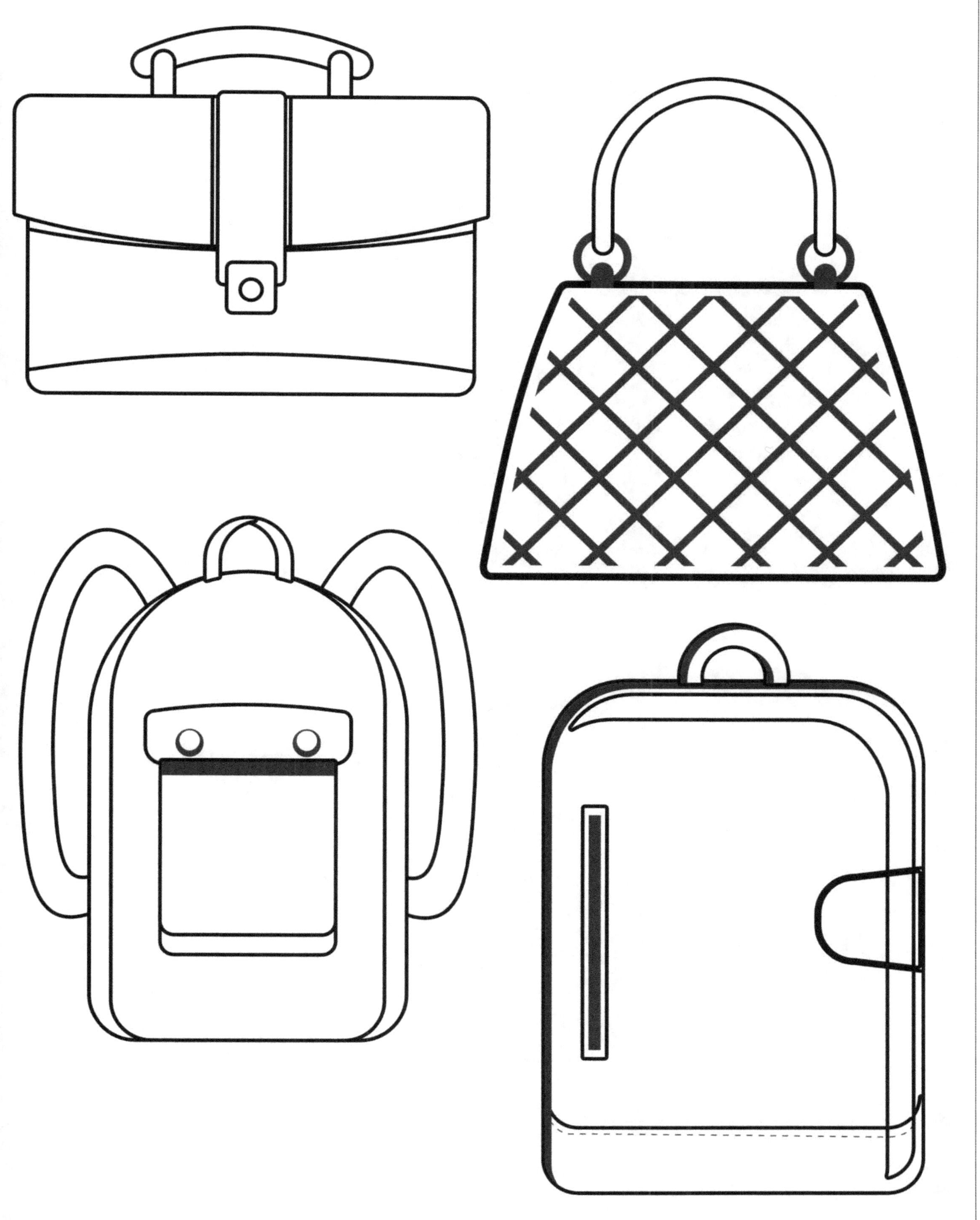

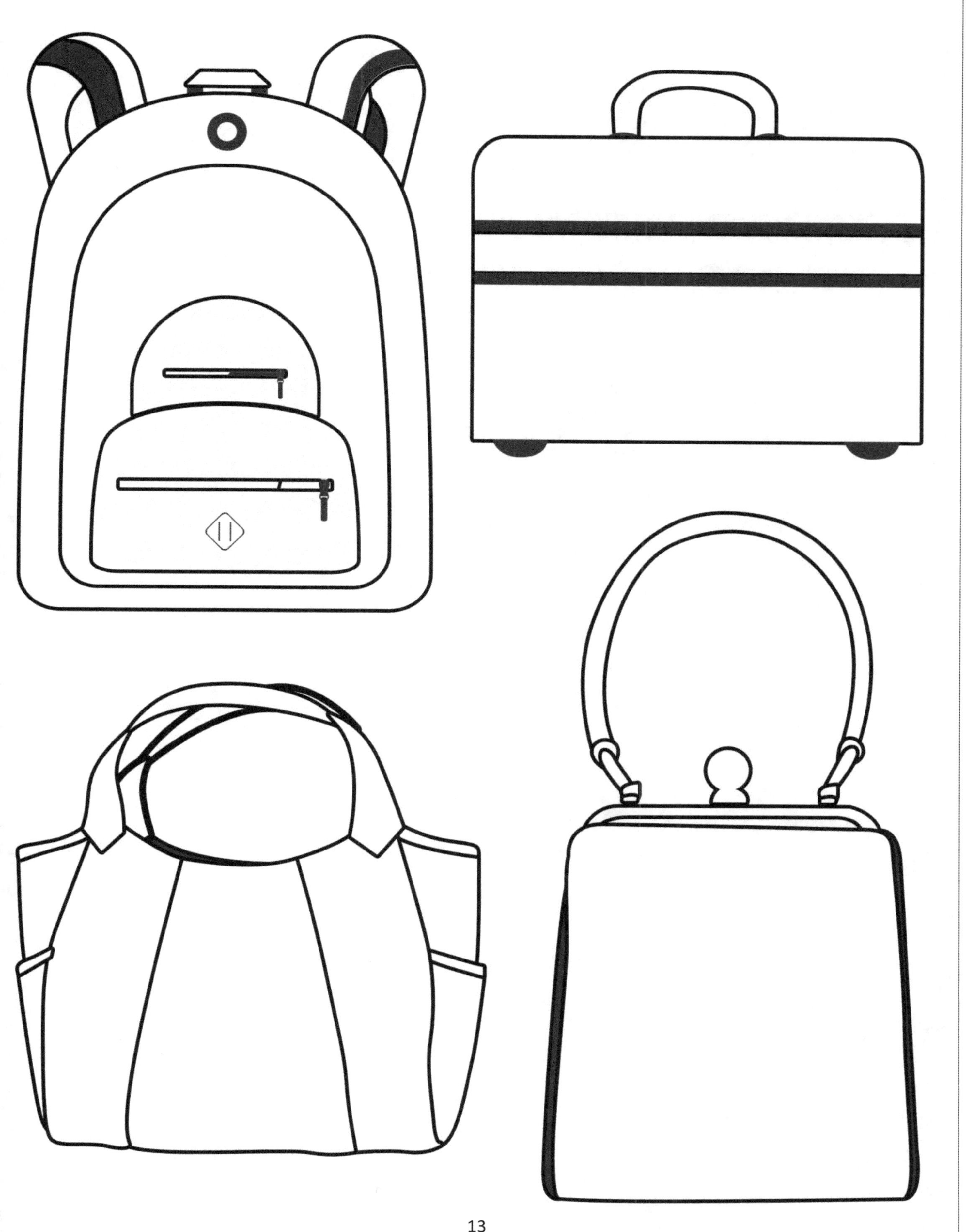

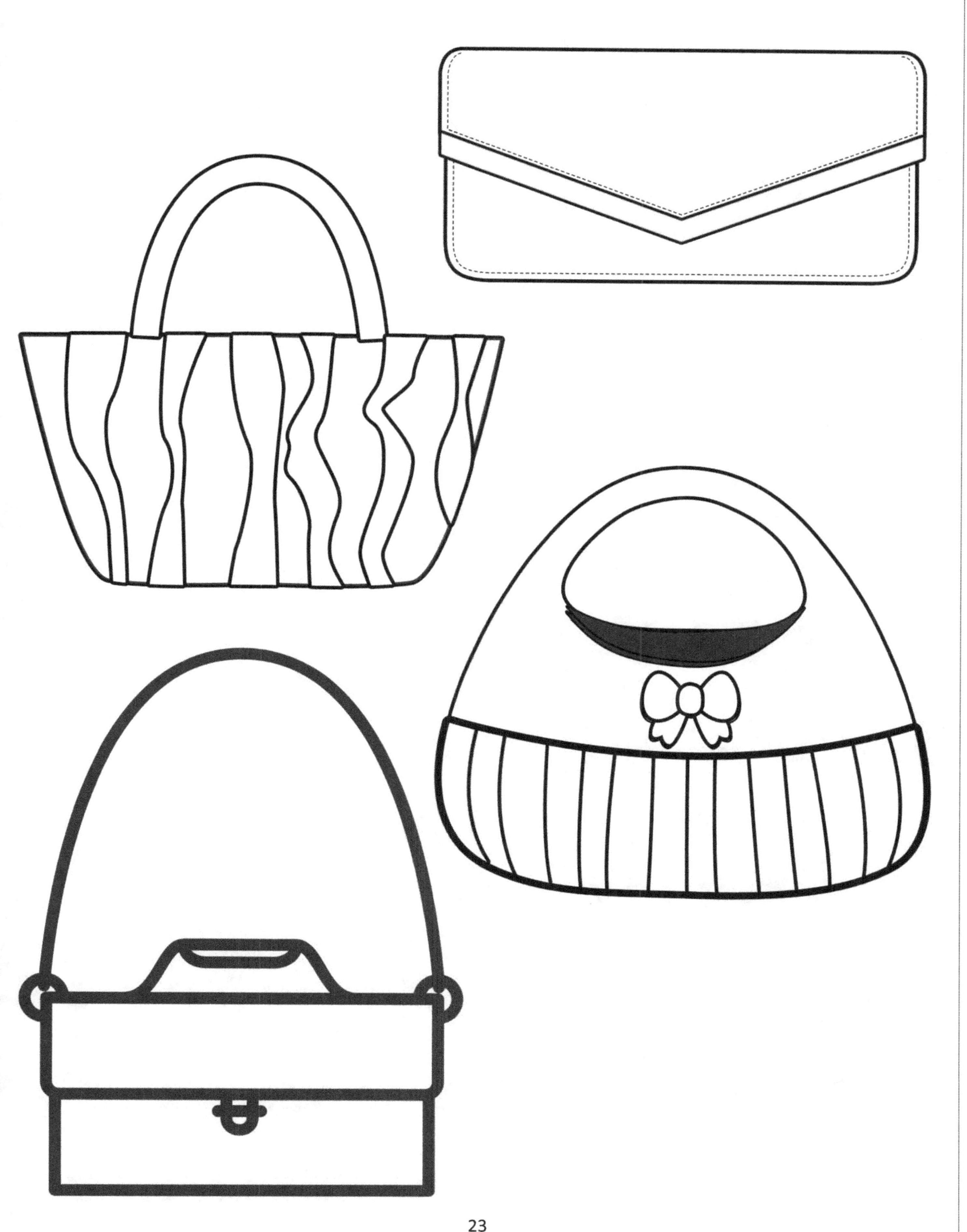

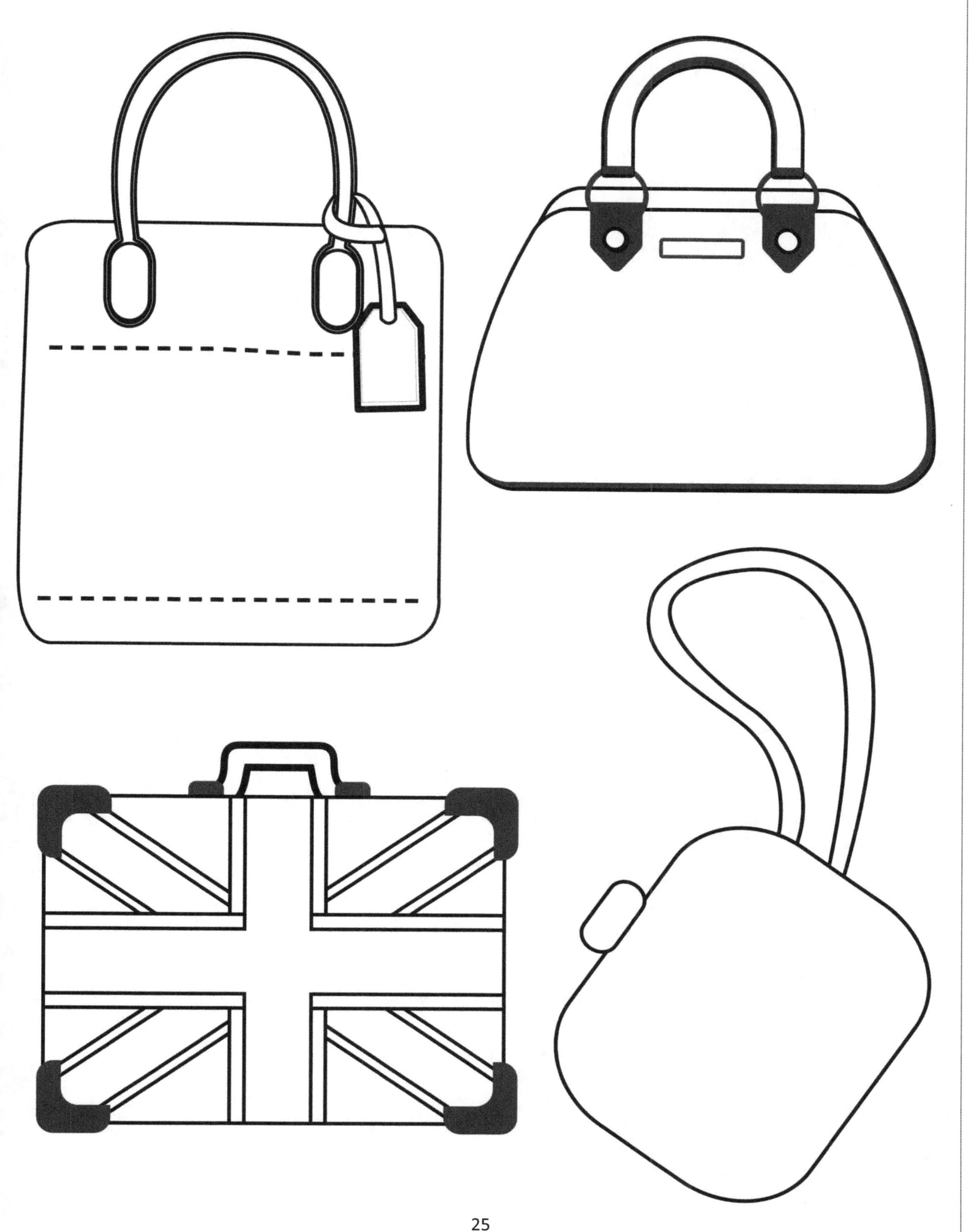

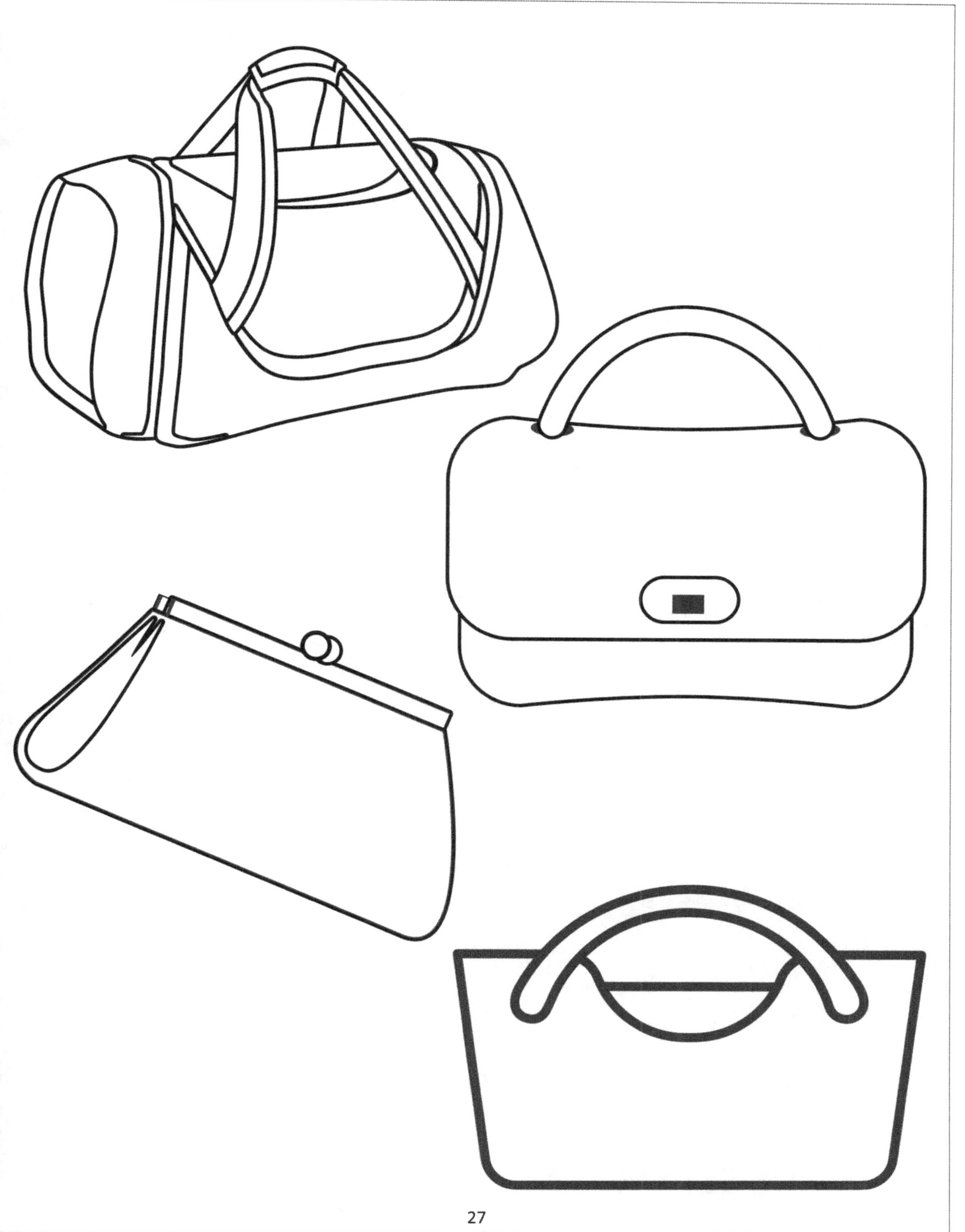

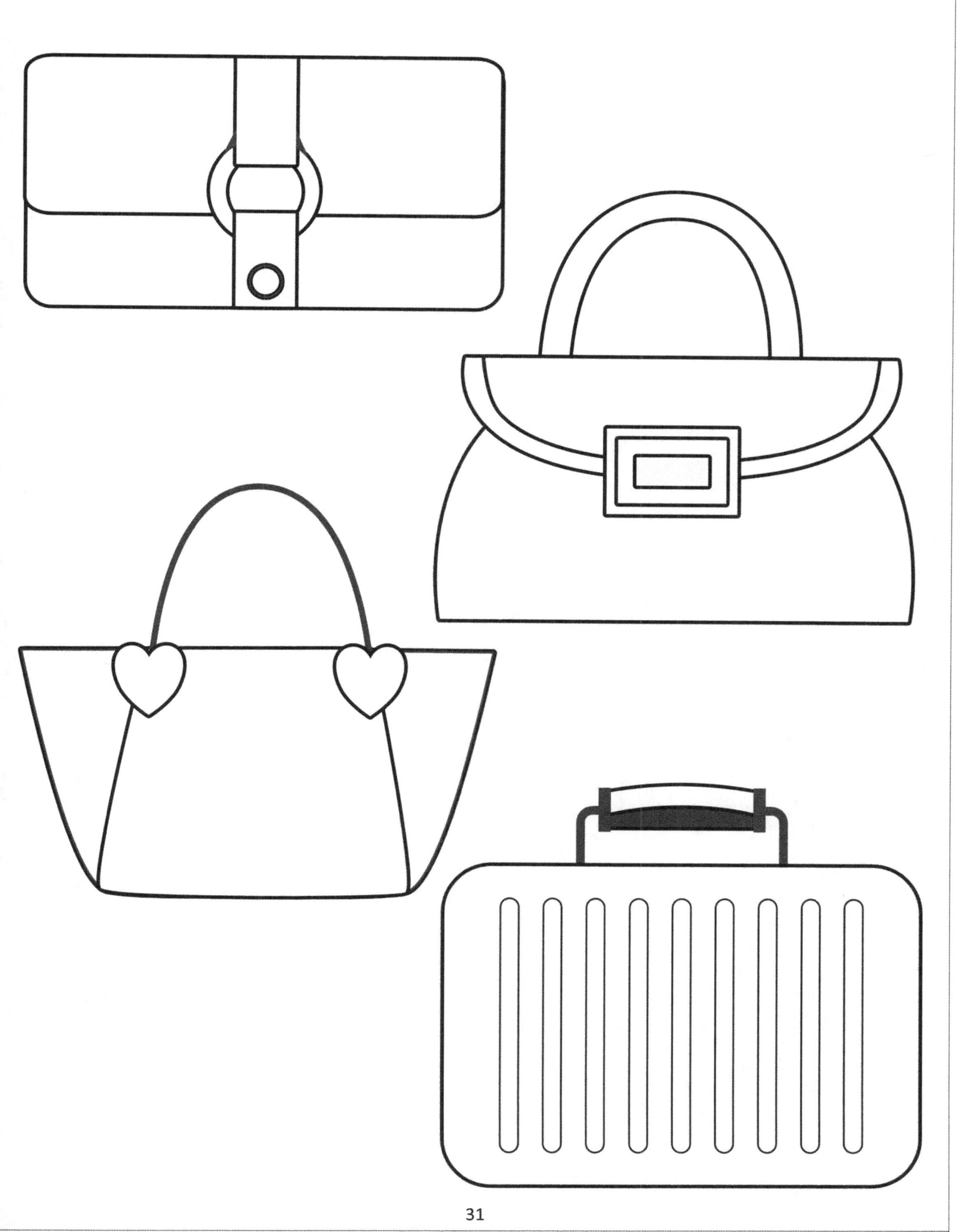

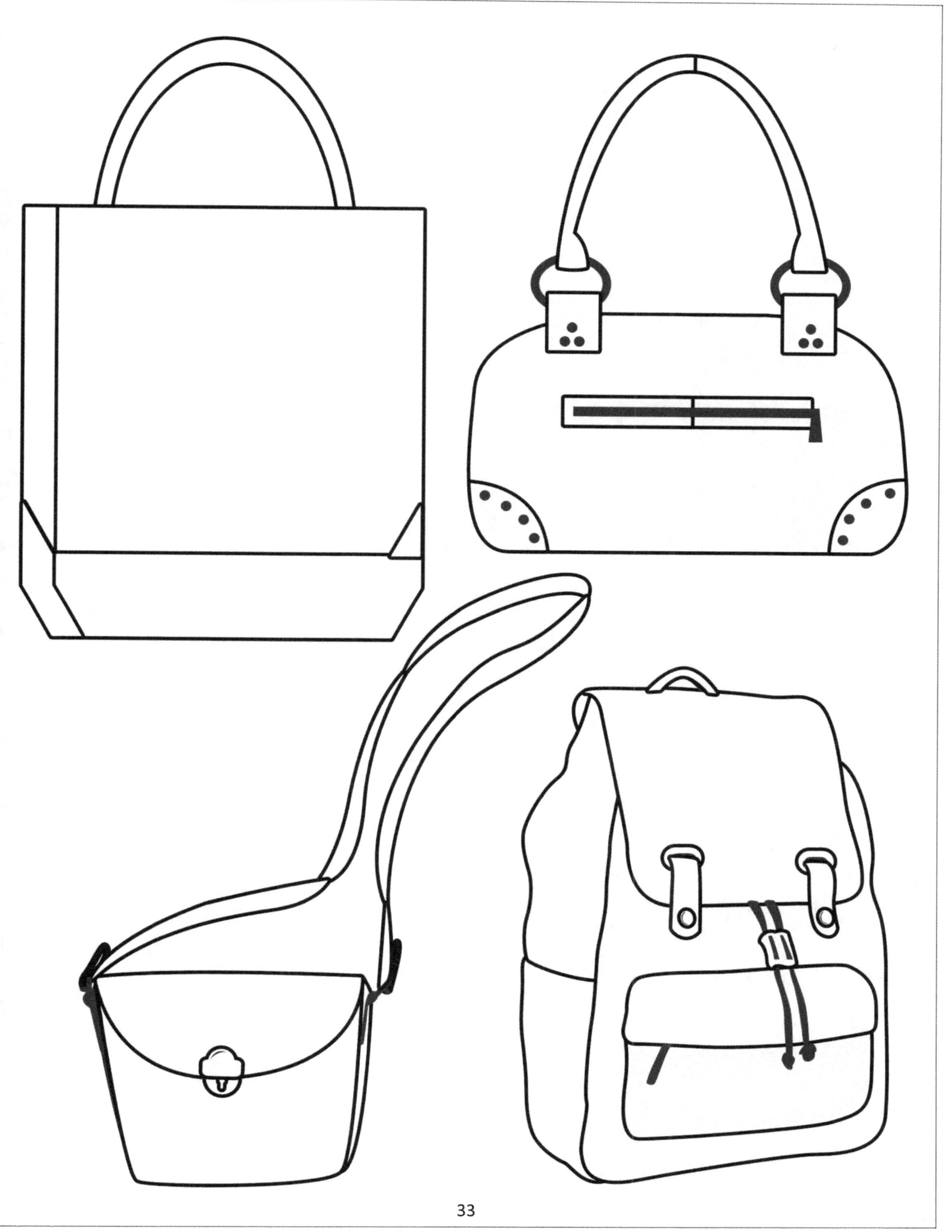

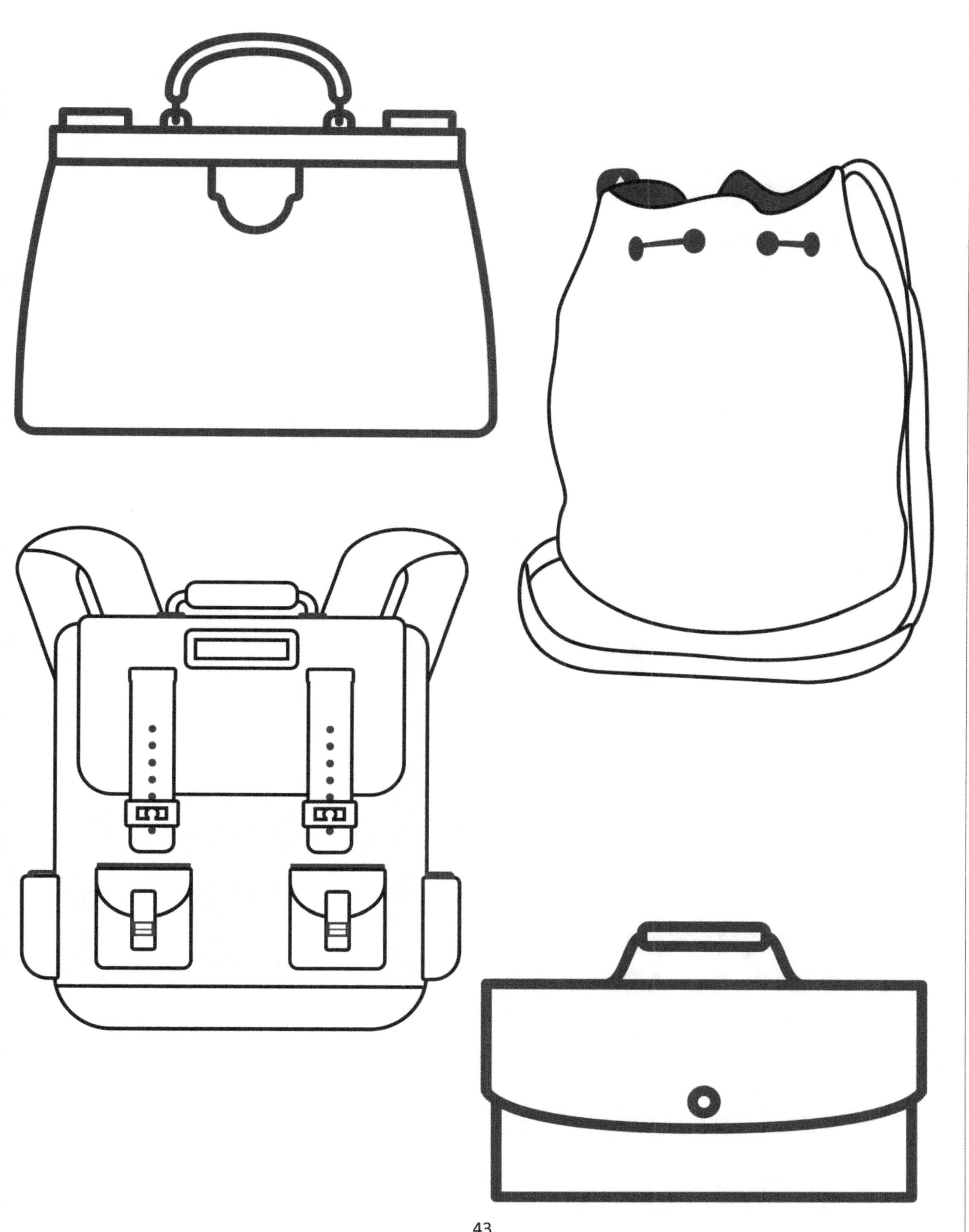

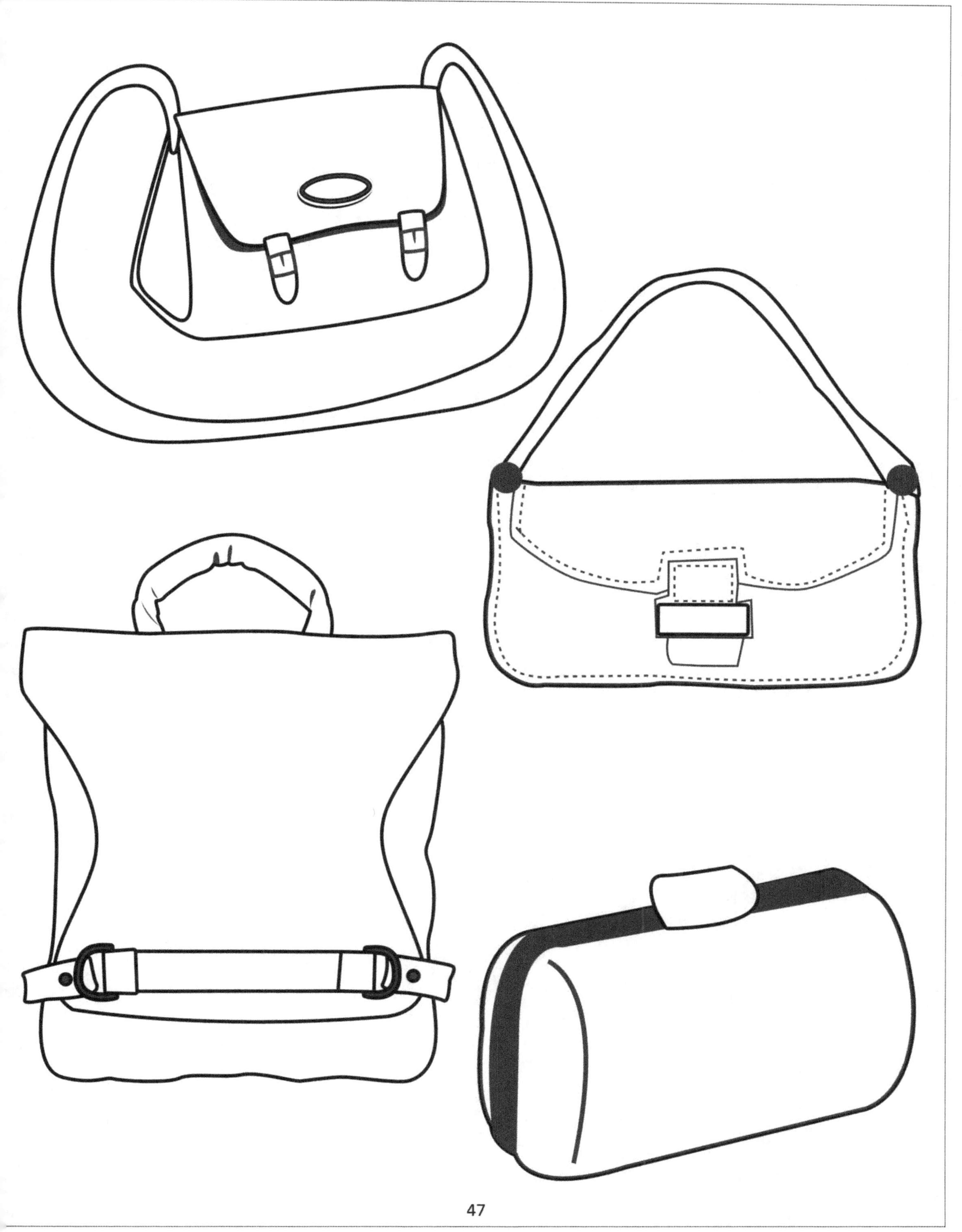

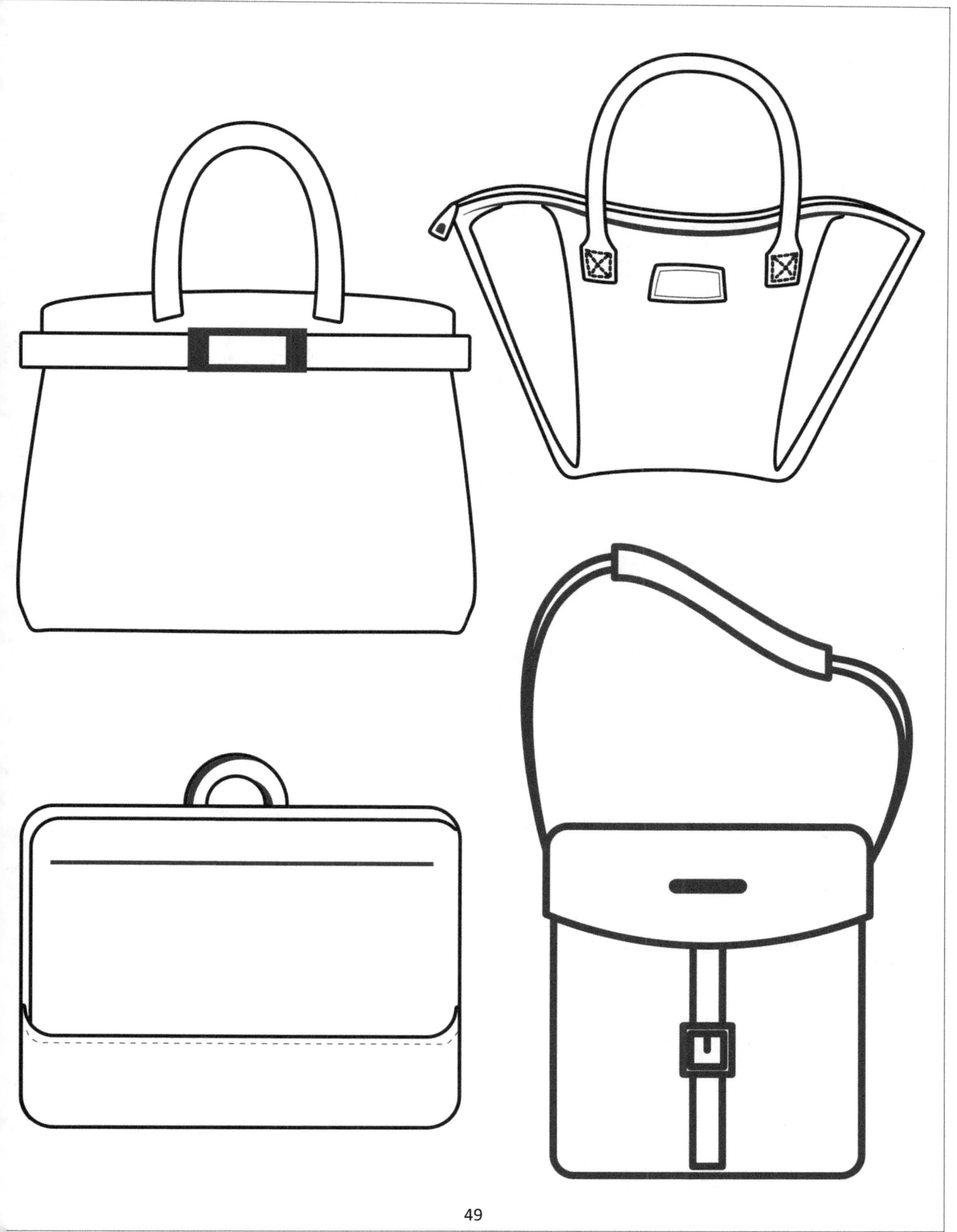

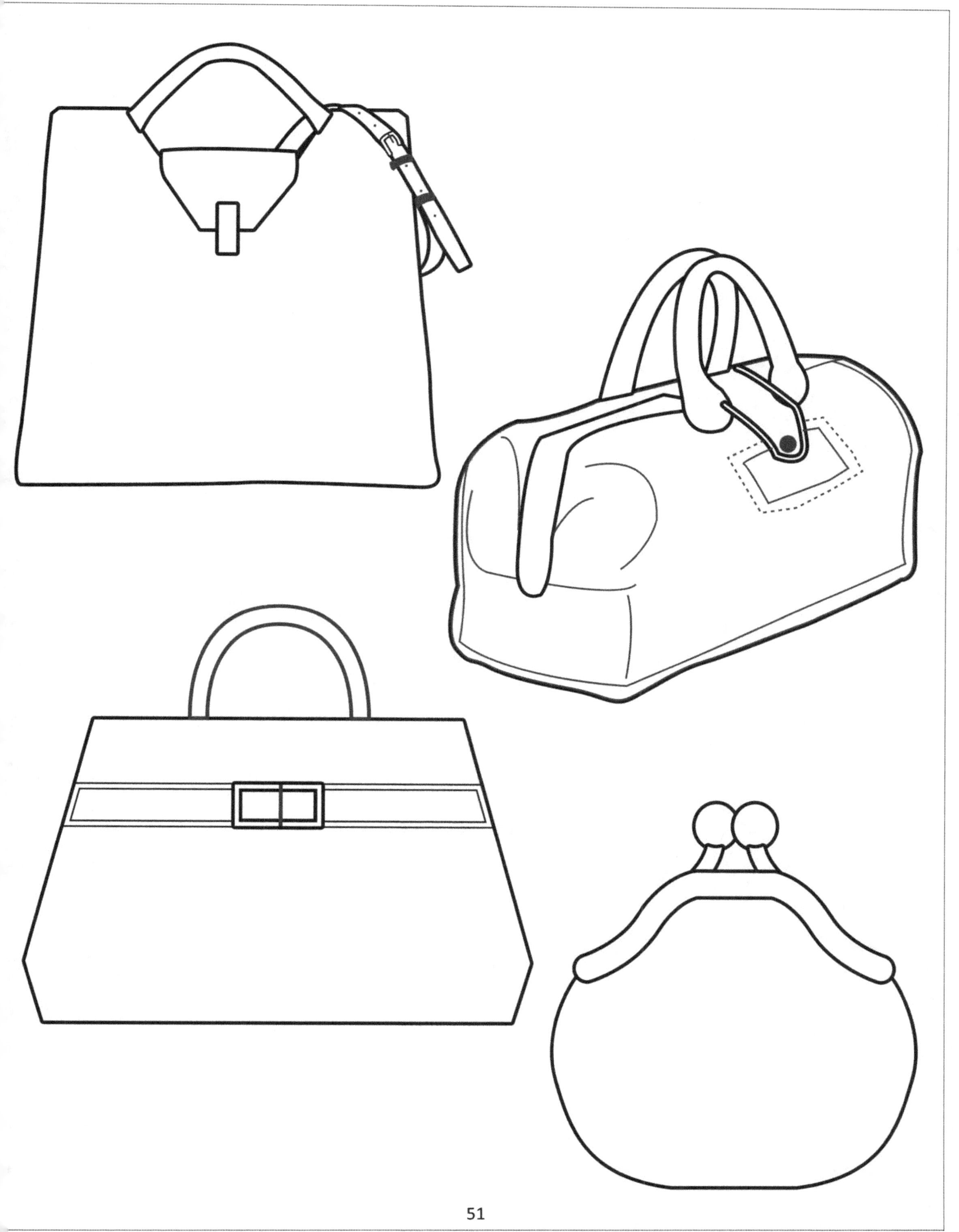

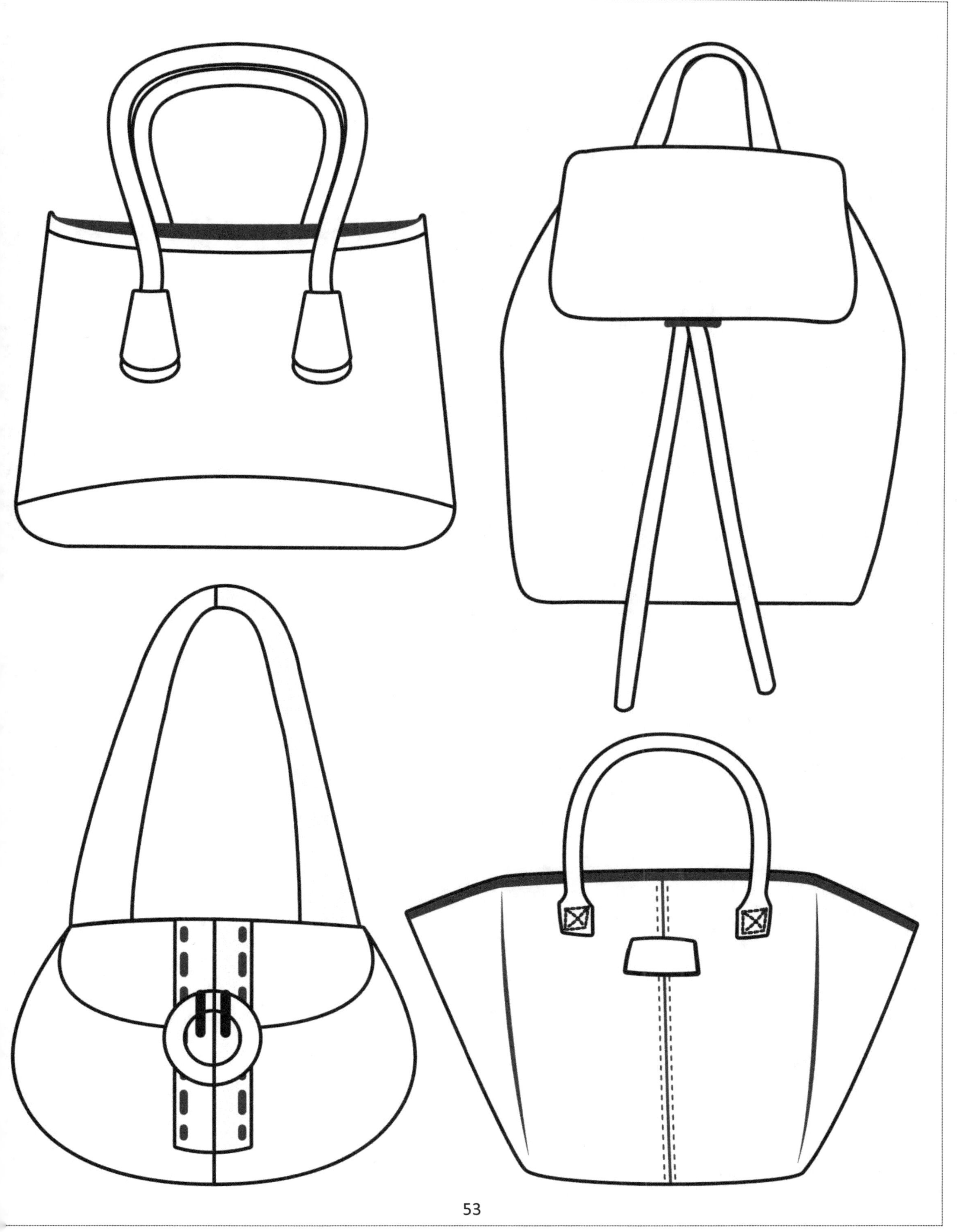

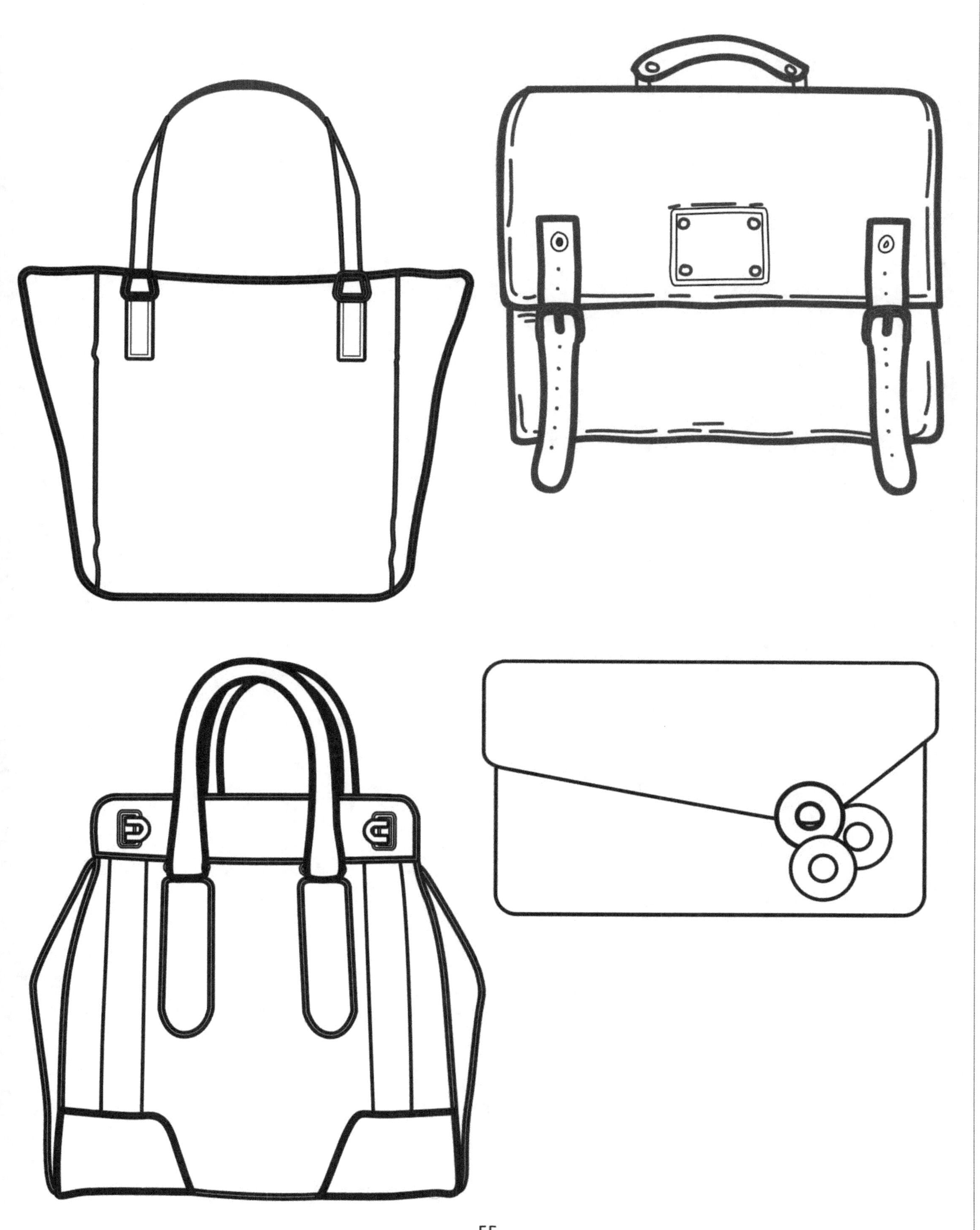

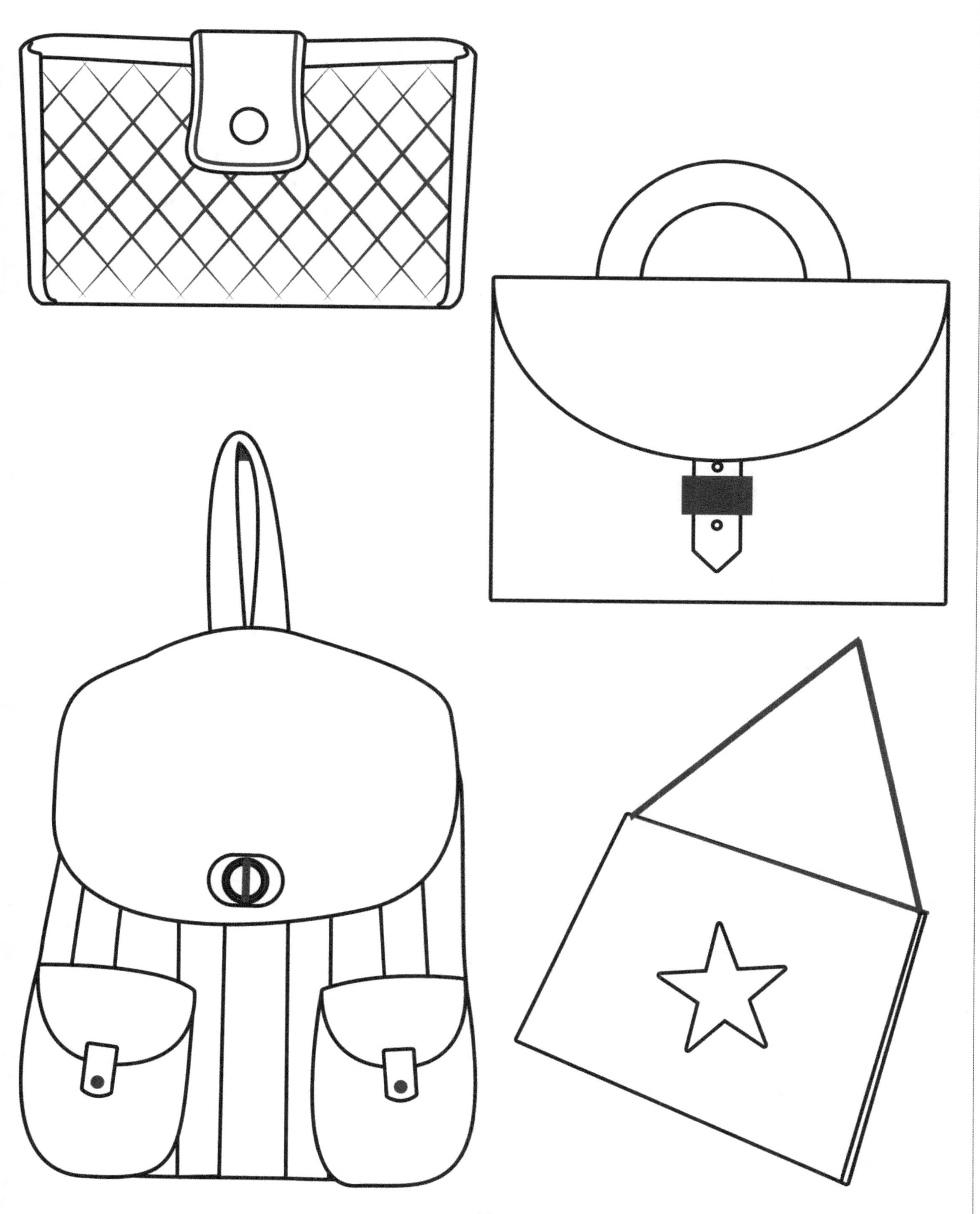

Farbtestseite

Farbtestseite